AF358707

Creo

Juan Aranda Gámiz

Creo

EDITORIAL
Letra Minúscula

Primera edición: junio de 2020
ISBN: 978-84-18149-85-6
Copyright © 2020 Juan Aranda Gámiz
Editado por Editorial Letra Minúscula
www.letraminuscula.com
contacto@letraminuscula.com

A quien dejó de creer en sí mismo para empezar a creer en lo que el mundo le presenta y, sólo si es capaz de sentirlo, asumir que se vive para soñar y se cree para vivir.

A todos los profesores que, en mi vida, me enseñaron a creer antes que a crecer.

A la vida en la que creo, cargada de sencillez y encanto, sin harapos ni collares, zapatos ni historia interpretada.

ÍNDICE

SOBRE LA PORTADA

Diseñada por el autor, pretende describir el arrebato de unas olas o el descalabro de las manos de un pintor, convulso por el impulso de sus instintos.

Refleja el lazo que no deja ver el nudo o el agua agitada, sin espuma, las salpicaduras en la paleta del pintor, recién equilibrada y, quién sabe, las montañas que no permiten divisar el horizonte.

Es, incluso, esa bolsa de plástico que aplastamos entre las manos, antes de estallar y expulsar su contenido, los gorilas entrando a su santuario, en un intento por huir de las miradas que pretenden humanizarles o el puente que deja pasar bajo sus aleros a un transatlántico.

Algún ecologista diría que es el iceberg que se desmorona, el dromedario que mira la pirámide, cargada de enigmas o la rueda que va arrasando lo poco que queda de vida en el bosque.

Es la valla que impide el avance de curiosos y partícipes de un movimiento de protesta, la entrada a un zoológico cargado de presas valientes o el simple temor de una baranda que nos traslada hacia otro mundo desconocido.

PRESENTACIÓN

Nos proponemos vivir y lo hacemos a nuestro antojo, salvando obstáculos y no responsabilizándonos de nuestros actos, porque sólo pretendemos existir "a cualquier costo".

La vida nos presenta unos menesteres que confundimos con derechos y nos resta un espacio que está cargado de libertad; a cambio, sin embargo, nos empodera en nuestros propósitos y nos va consumiendo en nuestros deberes.

Si somos capaces de ver es porque aprendimos a soñar y ello nos identifica en nuestros instintos más animales, pero sólo si creemos nos adentramos en la conciencia plena de un ser humano cargado de verdad.

Hay que sentir para creer y así, atrapados en la soledad de nuestro propio encuentro, seremos capaces de ver lo que se nos ofrece y regala, para hallar el misterio en el sentido de la propia existencia.

No caminamos pensando en lo que podemos aprender, sino que aprendemos a extraer la esencia de todo aquello frente a lo que no nos detenemos, con la idea de usufructuar una presencia y rentabilizar nuestro caminar.

El mundo está para observarlo, pero precisamos creer en todo aquello que nos permite vivir y reflexionar, al apoyar nuestro recorrido en las propias vivencias. Sólo cree quien piensa en sí mismo, como parte de la Creación.

Una creencia es un momento de verdad que nos regalamos, con el deseo de ser algún día el centro de nuestros sueños y el rocío que no termina de derramarse.

Cualquier experiencia entraña una sabiduría que tenemos que arrancar con la mirada y degustar con la reflexión sabia y dulce de la sencillez más cautivadora, como extender nuestra mano para que se pose el pájaro, recién nacido y sin miedo de quedar cautivo porque confía en nuestro gesto.

Aquí quedarás atrapado en la tela de mis creencias, tan corrientes como necesarias y tan vitales como sensibles, porque no hay mayor placer que tapar el sol con la yema de un dedo y anular *ipso facto* la luz en la inmensidad de una corona radiante.

Son doce capítulos, cargados de evidencia y susceptibilidad, los que pretenden desprenderte del asiento y ayudarte a volar sutilmente por los cielos más singulares, sin agarrarte al manillar de tu bicicleta ni a las cuerdas del parapente de tu vida.

Al final, sentirás otro interés por tu existencia y abrirás los ojos con la fuerza de la convicción, temblando de emoción por lo vivido y agradecido con la brisa de las palabras que te hayan puesto a pensar en la futilidad de los enojos.

Cada capítulo arrancará con una introducción del mensaje, acotado por el espacio de reflexión que fue interiorizado, como el empujón que nos lanza a la primera declaración de amor, aun cargando un entusiasmo remiso en tal empeño.

Juan Aranda Gámiz

PRÓLOGO

No se aprende a creer porque no soñamos con errar. Al equivocarnos somos capaces de despertar a la vida y arrinconarnos para reflexionar, olvidar los momentos o agachar nuestro ego maltrecho.

La verdad del relato motiva a soñar. Pero es la esencia, que nos aporta la piedra con la que tropezamos, la que nos obliga a creer.

Hay segundos en los que sentimos la vida, en toda su dimensión y, para ello, es necesario creer en nuestra vocación de libertad.

Cantar al viento es un ejercicio rebelde de protesta o de necesidad de inspirar profundamente, ahogado por el derrumbe de un bochorno, pero hay que creer en la tarea mensajera del viento para hablar en plena calle, sin recelos ni prejuicios.

Sentimos el ahogo de un consejo y la dureza de un guiño que no fue dedicado, pero hay que creer en el halo que pronuncian las manos que se estrechan, en un cortejo constante de dos corazones cercanos.

Miramos por la ventana, escuchamos el quejido de pájaros que tararean su lucha por la comida, en el nido que la mamá alimenta, sentimos la gota de lluvia que se despega del vidrio de la ventana y cae, pero todo llega a ser real cuando creemos que el clima también puede sensibilizar y las estaciones nos acogen en su seno.

Somos una fuente de energía limpia si pensamos que el mejor entorno saludable es nuestra propia sombra, la que refleja los apellidos de nuestra sangre.

Siento la poesía como una creencia viva de que nuestro paseo por el parque nunca será olvidado por la ropa que llevamos aquel día, que el universo se entristecerá si somos incapaces de leer un poema, desde nuestra complicidad con el temblor que despierta el estado de ánimo y que el Credo también podrá ser la esencia de un verso.

Creo

Creo en el blanco de una pared olvidada,
cuando recién se manchó de negro su brillo rociero
en aquel amanecer triste, que se va alejando del ocaso.

Creo en la sábana que levanta tu estiramiento mañanero,
cuando las carretas van vistiéndose de madrugada
y en el zapato izquierdo, sin atreverse a dar el primer paso.

Creo en el barranco de piedras despeñadas,
en el río que arrastra la hoja seca más sabia
y en la tormenta, que alimentó la sed del pantano.

Creo en el escalofrío que te provoca la pícara labia,
en el trinar de tantos jilgueros de madrugadas
y en el perdón, que siempre te extiende una mano.

Creo en ese impulso que no llevaba etiqueta,
en el camino cargado de piedras de tropiezo
y en el consejo que curó un mal, que no fue de amores.

Creo en el regalo, que con ilusión despiezo
cuando las ilusiones van llegando con tu maleta
y en las maldiciones, que no se visten de aturdidos colores.

Capítulo 1

Creo en lo que veo

Creo en lo que captan mis sentidos, porque veo lo imposible y siento lo inexplicable, porque me estremezco con lo más lógico y sensato.

Miro por donde no encuentro rendijas y pretendo que lo distante esté al alcance de mi tacto. No puedo caminar sin impresionarme por mecanismos tan naturales, como el viento, ni he aprendido a multiplicar las miradas porque las voces me lo digan.

Vivimos en un mundo que es una alacena de sorpresas y el goteo de sensaciones siempre es, y lo será, una imagen en espejo de las esquinas que doblas en tu camino; por eso creo en los recorridos y en los momentos de perdón.

No hay imposibles en los sueños y me gusta soñar despierto, porque la realidad que vemos debe seguir formando parte de las vivencias, con apellido de interrogantes.

Los gestos nos impresionan y los detalles nos delatan, por eso merecen una atención tan escrupulosa de mis sentidos.

Creo en la cara que cambia cuando las intenciones se tiznan y en el desenfreno de un infante feliz, en la templanza de la mano que se extiende sin esperar que otra la estreche y en el suspiro que sigue a la mirada que va narrando una pena.

Creo en el negro de la noche, si lo ilumina una farola, en la acera que no cambia de sitio y en el árbol que no se cansa de regalarnos el mismo fruto, en la tristeza arrugada de un seno que recién ha amamantado y en el eructo, sin alfabeto, de un recién nacido.

Creo en el espíritu que controla la bandera que ondea, en la cara de angustia del sello que ya no es parte del sobre y en la alacena que permanece abierta porque siempre hay hambre entre los comensales.

Creo en el gateo que busca el premio del apego, en la madre convencida del beneficio de una vacuna, muy a pesar del trauma provocado que le cala las entrañas, en el parto con dolor que escucha la placenta y en la piel erizada por un flechazo.

Creo en el piar, mirándote a la cara desde el pollo de tu ventana, en la rabia contenida de un recién despertado y en la imagen "en espejo" que habla y gesticula como te piden las prisas.

Creo en la esquina que moldea el roce de la ropa, en el vino añejado que te pide un deseo y en los ventanales que atrapan las voces discrepantes de la calle y se pueden leer en sus cristales, con el vaho de la madrugada.

Creo en el beso que no me diste y te lo agradeció mi fotografía de la sala, en el movimiento que despertaron mis ilusiones de medianoche y en el recuerdo de mi primera impresión acalorada.

Creo en la sopa que me arrastró a la infancia y en el cacharro que me recuerda el aroma del café de mi adolescencia, en el patio donde crecieron las plantas, al son de mis aplausos y en la luz que resbala por el tejado, para despertarme.

Creo en los vínculos entre un zapato nuevo y la ampolla del talón que termina engulléndola, en la luna que desata la furia de la marejada y en el barco que flota en la tormenta.

Creo en la sonrisa de una madre cuando le acaricias

el encanto, superándote, en la frialdad de los barrotes que albergan pesares recompuestos y odios encarnados, en la violencia de un abrazo compartido y en la calma que sigue a un suspiro afligido.

Creo en la madrugada sin la presencia del despertador y en la pared que refleja el movimiento de la cortina, en el celo animal que busca clonar su correteo y en la voz que no pretende imponer corriente alguna.

Creo en la tabla de multiplicar que ayuda a solucionar problemas, con resultados esperados, en las incógnitas que van despejándose con empeño y respeto, en las voces que no se acallan, aunque duela su estribillo y en la danza de sombras que un corazón puede dar cada día.

Creo en la prudencia de la miseria cuando pide un mendrugo de pan duro y en la soltura del harapo, sin vergüenza por el hábito, en el anuncio del mosquito que pretende alborotar tu existencia y en el relámpago que avisa de la cercanía de la tormenta.

Creo en el gallo con conciencia de sereno, alborotando la paz mañanera por avisar de la llegada del alba más reconfortante, en la nube que se carga de hilos de algodón que desprenderá –deshilachados– como gotas de agua y en el sol que ilumina, sin distingo de planetas.

Creo en el ecotono que aún encierra secretos y en la cima que no ha sido escalada, en la pendiente que tolera los golpes de la piedra que rueda y en el menisco del río que acoge la hoja, recién caída de la mandrágora, en la vereda regada por sus aguas.

Creo en el salto instintivo de una liebre no amenazada, en la tierra que convoca nutrientes alrededor de las raíces y en el polvo del camino que aplaude el paso de la carreta.

Creo en el ruido de la corriente salvaje y en el impulso del salmón, para no perder el sentido primigenio de sus aspiraciones, enfrentando las garras que le esperan más arriba.

Creo en la mirada que puede salpimentar una vida, en el abrazo que recorre tus propósitos y eriza tus ideales, en la expresión franca que sigue al segundo en el que fuiste diagnosticado de una enfermedad terminal y en la avaricia que acepta el perdón.

Creo en la caligrafía que descubre rasgos personales, en la sonrisa que no es capaz de esconder la angustia y en el aplauso hueco, porque reconoce el párrafo que está vacío de contenido.

Creo en el canto de protesta encerrado en el llanto de un recién nacido, en la tortura de una decisión condicionada y en la presencia distante de un apoyo no deseado, en el viento que limpia la calle de gritos de lamento y en la basura que delata al asesino, conformista y seguro de sí mismo.

Capítulo 2

Creo en las sensaciones y los colores

Creo en las sensaciones que nos ayudan a vivir por
convicción y en los colores de los arrebatos más
sinceros.

No se puede puntuar el flujo espontáneo de la
naturaleza ni dibujar el infinito de una sonrisa y, por
eso, me despierta el vuelo de las lágrimas que
transportan las mariposas.

Un reencuentro es el negativo de una ley que
nos obliga a distanciarnos, como si las cenizas de lo
pasado se pudieran empacar en el trasfondo de una
maleta.

Las actitudes abren las puertas a la historia
y los sueños no pueden salir, a escondidas,
entregando una limosna al olvido; por eso quiero
mirar a su través.

El símbolo de una migaja es impropio del
cuadro de la vida, porque el mejor traje siempre se
debe vestir con la más antigua de las tradiciones y
aquí disfrutarás con la lectura de una reflexión sobre la alegría de
vivir despierto.

Creo en la contractura de las palabras cuando un refrán llora, en la alegría que revolotea el pájaro que te da los buenos días, en la piel caliente de tus manos después de haber regalado un minuto de apoyo y en el lienzo que aporta frescura y originalidad al cuadro, sin marco ni caballetes.

Creo en el labio que se estremece antes de recibir un beso, en la mejilla que espera paciente a cumplir con su misión samaritana y en el hombro que no se cansa de soportar vaivenes.

Creo en el sermón que se construye en el silencio y en el espacio que sabe acoger tanta diferencia, en el sueño que es capaz de rechazar las crudezas que hieren y en el sombrero que se escurre, si tapa una cabeza vacía de futuro.

Creo en las salpicaduras que pueden ser recompuestas, en las despedidas que dejaron una leyenda y en los reencuentros que ahogan por el peso de las ausencias.

Creo en la silla que desconoce tus movimientos y se percata de tus desalientos, en el agujero que no atrapa tus curiosidades y en el descanso vertical, apoyado en las huellas del camino que te enseñaron a mirar.

Creo en la lágrima que se rompe antes de llegar al suelo, en la mariposa que colorea de pausas impactantes tu vida y en el marcador que no se atreve a romper la igualdad.

Creo en la historia que relata las señas de identidad y no las diferencias, en las tradiciones que se sobreponen a la digitalización de las emociones y en las promesas que no se llenaron de capítulos vacíos.

Creo en la migaja que sacia como banquete, en el chupeteo que sigue a una historia de hambre y en la ley que no tiene recovecos.

Creo en el náufrago que no desespera en sus ambiciones, en el alumno que se resiste a aprender de memoria un himno, en la puerta que siempre deja una hendija de esperanza para escuchar las voces que se pasean y en las legañas que traducen lo que fue un sueño reparador y bien merecido.

Creo en el roce que provoca escalofríos, en las oportunidades sin dedicatoria, en el balanceo que reubica tus valores y en la nana que supo a brebaje.

Creo en el bolsillo que respeta la calderilla y en el pañuelo que distingue corazones, en el traje que no hace al monje y en el cruce que desatiende desatinos.

Creo en el profesional que se destaca ejerciendo, en el reclamo del empleado que retumba en la conciencia del empleador y en la paga que cubre hasta los sufrimientos.

Creo en las cenizas que no esconden ascuas, en el burro que lucha por no tropezar siempre con la misma piedra, en el pavo que no siente la Navidad como suya y en el olor a soledad, que conmueve las verdades aparentemente compartidas.

Creo en la limosna que no se ve y en el castigo sufrido que nunca fue impuesto, en la verdad que estiró las cuerdas de tus suspiros y en la exclamación cargada de sentido, en la regadera que alegra la noche de las plantas del jardín y en las caricias que rebosan de una boca entregada.

Creo en la nariz del payaso que llora al ver un niño dormido, en el ángel que no se acurruca de miedo y en los pecados conocidos que nunca fueron maquillados.

Creo en la plegaria que tiene eco en mitad del monte y en el dolor aceptado por necesario, en la súplica que no admite diccionario y en la sombra que supo detallar tu relicario.

Creo en la caída del agua de la cascada, que solo buscaba salpicar espuma de las cumbres en la boca del pez y le regaló una lombriz, embebida en su flujo turbulento.

Creo en el viaje sin mapa de carreteras ni presupuesto exagerado, en el día en el que hallaste tu segundo perdido y en la cordura que regresa a tus enseres, en la maleta que se perdió cargada de vicios y en el infinito, si te impresiona alquilar un cuarto en sus entrañas.

Creo en el santo que no ha sido elevado a los altares, en la corona que luce en un cuerpo de lucha, en el cadáver que todo el mundo llora y en la red que nunca atrapa.

Creo en el lápiz que dibujó tu rostro cabizbajo, en la amistad que no precisa de silencios y en la lluvia que desprende los guijarros del camino, en el arco que termina dibujando la circunferencia de tu cintura y en la grandeza que inspira la paleta del pintor que desconoce lo abstracto.

Creo en la valentía de quien aprendió a cumplir su propia penitencia, en el honor que acabó con una vida entregada, en la pasión de vivir con el único propósito de ser útil para los demás y en la amargura de un adiós precipitado.

Capítulo 3

Creo en los gestos y comportamientos

Creo en los gestos que se regalan sin esperar
respuestas favorables de manos anónimas.

De cada profesión extraigo lo que soy capaz
de aplaudir, porque no estaba en su perfil y de cada
actividad me impresiona la oración, con letra
minúscula.

Hay tantas imágenes que podrían ser motivo
de detalle en un lienzo y tantos objetos inanimados
que pareciesen estar vivos, que me atrae esa
materia que nadie tiene en cuenta.

Me alborotan las oraciones que se rezan sin
pecados previos y las visiones que pareciesen
caminar en el momento presente.

Me detengo, con frecuencia, ante la puerta de
un cementerio de ilusiones perdidas y ahí le hallo el
valor a una simple carcajada o a la niebla que nos
cubre en las tardes de invierno.

Creo en el geranio que bordea la suntuosidad de un jardín, pleno de orquídeas, en la savia que endulza la cáscara de una nuez y en la espiga que se balancea, mientras almacena sus granos orondos y apretados.

Creo en el escondite que delata un reflejo y en la sordera que sigue enfrentando el miedo de las palabras, en la cigüeña que se viste de partera y en la zapatilla, colocada en el balcón, que reconoce el regalo de los Reyes de Oriente.

Creo en el movimiento de ventilador de la cola de un perrito, con la felicidad de ver al amigo que le alimenta y con el que juegan a ser dichosos por un rato, en la alegría de ver a una madre depositar en la mesa el almuerzo recién cocinado y en el rosario que se reza para tus adentros.

Creo en el juez de paz que armoniza los desencuentros y en la autopsia de un embuste sostenido, en la claridad de un secreto mal avenido y en la deuda que no permite conciliar el sueño al deudor responsable.

Creo en la batalla donde resucitan los caídos y en la paz que transmite el pito del sereno, en los armisticios con niños presentes y en los argumentos que sustentaron grandes verdades.

Creo en los piropos desempolvados que siguen arrancando sonrisas y en los pasos que construyen estelas, en la ola que rompe y te lleva a la boca la sal del océano, tiznada de voces perdidas y en el horizonte que tiembla en tu infinito.

Creo en el gateo que se mira desde abajo y en la aguja que marca la hora de tu ánimo, sin husos horarios, en la fuente que sigue lavando tu cara, sin preguntar por tus arrugas y en el ruido que despierta tus jugos, agradecido por su presencia.

Creo en el discurso que derrumba los dogmas y en la caleta que mira hacia lo más alto, en el vendaval que impulsa la brújula hacia buen puerto y en el guiño de un gato, invitándote a imitarlo.

Creo en el nido de la paloma que aún no aprende a volar y alimenta su espíritu de paz, en el vaso que no se derrama de sed y en el pan de la postguerra.

Creo en el padrenuestro que rezan los más necesitados,

en el empeño que nunca provoca una zancadilla y en la ley del más débil, en las reuniones que terminan en propósitos dignos y en los brindis en los que se dicen las grandes verdades.

Creo en la sartén que te enjuga de sinsabores, en el matorral que te descubre espárragos vivos y nunca los tuviste en cuenta, en las espinas que rodearon un halago cumplido y en la tirantez del ejemplo que te acompañó toda la vida.

Creo en la sabiduría de una prisa y en el encanto de un olvido, aunque se viva para no inspirar las premuras, en el regalo que fue capaz de relanzar tu corazón y en la falta de ortografía que arrancó un beso de agradecimiento.

Creo en la sal que da vida a un dulce, en el aceite que desobstruye arterias y corazones, en la palmetada que ayuda a vivir en solitario y en el dedo que se arrepintió de señalar ante los demás, en la neblina que te permitió ver lo desconocido y en el vino que emborrachó tus odios.

Creo en la firma que nunca pudo ser imitada y en las barandas, testigos de tantos besos, en las miradas que repasan los recorridos y en los archivos que se siguen abriendo en la alacena del corazón empedernido.

Creo en la cruz donde permanecen visibles los sacramentos, en la sencillez alborotada de una carrera inocente, interpretada por mentes tildadas de normales y en la carcajada, que suelta una advertencia que llegó a ser cierta en tu madurez temprana.

Creo en la manga que cubre tu brazo, para esconder la hora del reloj, en el anillo que llegó a ser parte de la alianza y en la cera que da salud a tus oídos.

Creo en la prótesis que te obliga a acariciar, en el corazón trasplantado que siempre te lleva al cementerio para agradecerle al donante y en la mesa de quirófano que sigue aplaudiendo sus éxitos.

Creo en el entierro que sigue encerrando duelo, en los caminos que llevan a ninguna parte y te permiten encontrar tu complemento, en la alabanza que rasga las vestiduras y en la imagen que recuerda tus lecciones salteadas.

Creo en la nieve penitente que simula un camposanto, en los extranjerismos que tienen sus sinónimos y en el botijo que sigue refrescando tus bochornos, en el ajo que transita menopausias y en la compañía que sólo busca engrandecer tus actitudes.

Capítulo 4

Creo en la instantánea de los momentos

Creo en la instantánea de los momentos que no
fueron tuneados y en la holgura del día a día.

Cada accidente geográfico y cada relieve, a la
puerta de tu casa, empedrado o cimentado, da vida
a las huellas que se asoman cada mañana y yo
estoy ahí, pendiente, para contarlo.

Prefiero narrar lo innecesario para que no
admita reclamo y lo insuficiente, porque ahí no se
encierra oportunidad alguna.

Tantos secretos que aún permanecen
escondidos y algunos son simples engaños, vestidos
de aparentes castigados y hay que desprenderlos y
presentarlos en sociedad, para dejar de aplaudirlos
ogaño.

La soledad de los destinos me conmueve y
estremece, por eso escribo de señales y vínculos,
miradas y obligaciones.

Creo en la carta que lleva sello adherido con saliva enamorada, en las calles que nombran sentimientos y las plazas que honran los recuerdos, en los museos que pretenden rescatar el patrimonio más olvidado y en todos aquellos juegos en los que el respeto es la única norma aceptada.

Creo en las teclas que no necesitan interponer un borrador, tras haberlas pulsado en la máquina de escribir y en el trompo que se desprende de su cuerda para seguir rodando, sin fin, en el guijarro que aprendió del agua de la corriente y en el comentario que no precisa aclaraciones.

Creo en los vítores que se regalan sin haberles robado un voto, en la compañía que desconoce tu procedencia y en la penitencia que se acepta por necesaria.

Creo en las conversaciones con el cielo, en días lluviosos, en los tranquillos que alojan cortejos y las peanas que hacen bajar tu ego, en la tristeza de un libro que no encuentra renglones subrayados y en el adoquín que busca el acomodo menos resiliente.

Creo en la imagen que no se acostumbra a verse reflejada, en los efectos ópticos que no engañan y en las distopías que amedrentan, en el salario que reconforta, aunque no alcance, y en la silueta que provoca gritos interiores y relatos manuscritos.

Creo en la impresora que no sigue tus corajes y en la cámara fotográfica que capta imprevistos, en el sosiego que no sigue a tormenta alguna y en las páginas en blanco que sí admiten tachones perdonados.

Creo en las líneas que no se quiebran por empujones, en los charcos que te cuentan secretos ilusionados y olor a desarraigo, en el patio que recoge las lágrimas de lamento de un cielo en ciernes y en el armario, que acoge los misterios de la moda que nunca aplaudió tu espejo.

Creo en el lactante que mira cómo te sonrojas y aplaude –sinceramente– al descubrir el encierro de tu picardía, en el político que atiende sin composturas planificadas y escucha sin rodeos consabidos y en la farola, que también ilumina el titubeo de tus pasos ebrios.

Creo en la miseria que no pide perdón, en el apoyo que siempre será comprendido, en la cordura que acaricia tus enfados, en el momento más inverosímil de un encuentro imprevisto y en la zarza que te permite caminar sin heridas.

Creo en la cueva que te abre la puerta a la salida, sin atrapar tu vocación de despedida, en los mensajes que hablan de la cortesía que alberga el trato que se desprende en las ventanillas y en el *link* que no dispone de horas de desahogo manuscrito.

Creo en la lluvia que humedece los portales y refresca los balcones, sin calar en los cimientos, en los afluentes que sólo inundan caudales y en todo aquel líder que sorprende por la calidad de sus silencios.

Creo en la aceptación del deber por quien reclama un derecho, en la tertulia que rellena oquedades y en las voces que quedaron dormidas junto al dolmen que señala la sepultura; en el alambre que sujeta cualquier banco solitario de un parque y en los cuerpos encorvados de transeúntes abandonados.

Creo en el sermón que retumbó en mis adentros, en la comunión que me aconsejó compartir ilusiones y en la caja de cartón que acoge el sueño de un niño pequeño, al pie de un puesto de comida, esperando demostrarle a la vida que el reciclaje también encierra apego y que los propósitos se impulsan desde abajo.

Creo en la mesa que recibe el desaire de tus golpes y soporta tus impresiones escritas, en el color que da vida a tus actitudes provocadas y en el roce, decaído, de quien pretende aplaudir tu condición de constante apoyo.

Creo en la sábana que esconde el efecto provocado por el abordaje terapéutico de un dolor oncológico, en las uñas descuartizadas de un adolescente, abandonado a su suerte en la calle de la indiferencia y en las raíces que siempre atraen, cuando contraen recuerdos y estiran penurias.

Creo en la pantalla que deja ver los sinsentidos y en la cara que transporta cicatrices de superación y desenfreno, en las líneas a las que les falta el punto que da continuidad a su forma y en la luna, que siempre relata su historia de satélite medio lleno.

Creo en la primera imagen que observas al abrir tus ojos adormitados, en la hondura del barranco de tus pesares, en el cañón que siempre mide las sílabas del acantilado y en la liana que te permite surcar todas las esquinas de las contradicciones humanas.

Creo en las imposiciones que nacieron de tus manantiales interiores y nunca se derramaron en tierra de nadie, en los descalabros que se sintieron capaces de explicar sus errores y en la secuencia inaparente de nubarrones que anuncian las verdades evaporadas.

CAPÍTULO 5

Creo en todo lo que nace y se hace

Creo en todo lo que nace y se hace a la medida, sin
maniobras que arrebaten ni juegos que arranquen.

Las canciones de la vida son sensatos
mandamientos que nos obligamos a tararear, al
compás de los instrumentos más escuetos y simples.

Soy consciente de la resistencia de los
enseres que nos sostienen y adornan el espacio que
nos contiene, por eso intento describirlos con
calificativos honorables y sensuales.

Cantar un estribillo nos proporciona esa
picaresca tan necesaria para descubrir los
fenómenos naturales, esos que quedarán reflejados
en estas páginas.

Los conformismos no son el lenguaje para
que las plantas lloren con mi presencia inoportuna y,
por todo ello, analizo los acuerdos que no pretenden
ser programados.

Creo en el parentesco que despliega una confesión retenida, en la esperanza que despega con el vuelo de *Juan Salvador Gaviota* y en el estribillo que cierra heridas abiertas de opresión y castigo.

Creo en la voz pausada que acompaña al eco, en mitad de la nada y en la confianza que genera tu imagen, reflejada en un charco, delante de la puerta de tu peor enemigo.

Creo en el vino que sacia los apuros y en la siesta que da nombre a tus sobremesas, en la butaca que anestesia tu rebeldía y en la silueta que entra por la puerta de la calle, fiel acompañante de otra presencia redentora.

Creo en los mandamientos que no están escritos y en la pluma capaz de aceptar la interpretación de una congoja, en el sabor de la media tarde, mientras las lágrimas invaden el rincón de la recámara y en el cajón del mueble, apretado tras el ojo de la cerradura, que te concede préstamos solidarios.

Creo en las disputas –sin heridos– que recomponen convivencias, en las lagartijas que limpian de insectos la pared de la puerta del vecino y en el cerdo que gruñe con los tirones de su cuerpo, proclamando una muerte anunciada.

Creo en la perspicacia de quien evitó ser presa fácil y transmitió su sabiduría escurridiza a la descendencia, en el gusano que carcome los desechos y sigue siendo capaz de abonar las tierras, en la ventisca de poniente que te ubica en el mapa y en los juncos, que van dejando vida en los humedales.

Creo en la resistencia que impulsó ideales, en el caballo que no se dejó vencer en la contienda, en la trompeta que necesitó tocar a obligada retirada y en la tierra que sepultó cuerpos sin nombre y los bautizó en la ensenada.

Creo en el plato que alimentó vocaciones y en la cuchara que sació hambrunas, en la copa que selló –en calma– las turbulencias de algún conflicto y en los juguetes que vivieron entre balas perdidas, sin miedo a ser abatidos.

Creo en los efectos colaterales de las protestas que aún no han sido reconocidas y en las paletas que engendraron nuevos colores, en la maceta que amamantó la flor que regala aroma por doquier y en los abrazos que estrechan los infantes, sin la aprobación de los mayores.

Creo en el "pin" infantil para que los padres aprendan a filtrar los comentarios y les permitan vivir en paz, en los acuerdos que no amordazan valores y en las caletas sin segregación humana, en los arrabales que no acumulen miserias y en los empleos que tengan la suficiente fuerza para abaratar los sufrimientos.

Creo en la simpleza de un enchufe que no admite discrepancias, en la soltura de una argolla que aprieta y no ahoga, en el cuello angosto de una tinaja, que te permite beber sin ahogarte y en la leche, recién ordeñada, de una vaca que nació deslactosada.

Creo en la familia que necesitó ser solidaria, en el vecino que siempre convirtió los barrancos en dunas, en la ventana que ese día abrillantó la estampa del bosque y en el cántaro que salpica a nuestro paso, saludando un encuentro inesperado.

Creo en la cirugía que extirpó lo innecesario y anudó lo indispensable, en el bisturí que seccionó los avances y la gasa que secó la sangre enmohecida, en la bandeja que cargó con lo amputado y la mascarilla que no nos permitió expresar lo que sentimos, al ver el misterio de la muerte tan cercano.

Creo en la concordia si es invitada sin cargos, en el menú que alcanza para todos los que no fueron considerados y en los signos que no admiten manipulaciones.

Creo en los corazones rotos que fueron recompuestos por el destino y en la jaula abierta, que permitió la libre circulación de pájaros, para disfrutar de los momentos más democráticos que pueden entregar los sentimientos de una no-propiedad.

Creo en el retorno cuando no es empujado por necesidades insolventes, en las referencias que fueron sucintas y en las colinas que acumulan parajes, con mensajes reflejados por el sol de la sobremesa.

Creo en las deudas que fueron devueltas antes que los intereses, en los regalos que dejaron huella y en los recuerdos que nunca pudieron ser despojados, en los ratos que curaron ansiedades y en los calendarios que alumbraron soledades.

Creo en las conjeturas que saben dejar reflexiones, sin manipular conciencias, en la integridad que no admite florituras, en la rueda que no atasca su movimiento a pesar de la rugosidad de la calle y en el palo del gallinero, donde la garra sigue sosteniendo el sueño que desprende el agotamiento de otro huevo incubado.

Capítulo 6

Creo en el trabajo imaginado

Creo en el trabajo imaginado por el amigo de
"Don Quijote", sin molinos de mentira ni mesas
cojas.

La locura es el instrumento para validar las
críticas que no pueden salir a la luz y, estos
testimonios, me obligan a convertirlos en ejemplos
de prosa poética y que cala los sentidos.

Las medallas también estornudan si cuelgan
de cuellos pintorescos que no ganaron las batallas y
deben ser renombradas para el recuerdo.

Muchos mapas adoptan océanos y la injusticia
de una lágrima los catapulta en el trapecio de la vida,
más allá de lo supuestamente lógico.

Cada proclama está implícita en el poema
de la vida y por eso merece la pena recitar cada verso
de tu existencia, el principal engranaje de este libro.

Creo en la salvación de las huellas presas y en el descontento de los santos, venerados por impostores, en el abrigo de la familia que no dan las paredes anchas y en la paja transportada por el pico de un gorrión, que nunca regresó a su nido.

Creo en la saliva que enjuga la blancura del esmalte y ahoga tanto adverbio desmedido, en el aliento que desprende un invierno aclimatado y en el estornudo que esparce el descontento de unos bronquios, toqueteados por el virus más inusual en nuestras vidas.

Creo en la locura de manos arrugadas y carreras plenas de desenfreno, cuando los intentos nunca fueron consumados y las mentiras se transformaron en grandes verdades.

Creo en los arrebatos que encontraron molinos fáciles de batir y en los vientres abultados de Sancho Panzas, sueltos, que intentaron imprimir un hálito de cordura a los impulsos más primitivos.

Creo en los microrrelatos que, por contraerlos, no perdieron nunca la esencia de sus intenciones ni la sensatez de su moraleja.

Creo en el testimonio que desata una sonrisa y se estrecha con ternura, en el mapa cargado de huellas, que callaron su destino, en la pata de una mesa que toleró decisiones vergonzantes y esperó a ser reparada por otro inquilino, en la onda que no se propaga desde la orilla y en el canalón que sigue inspirando tu sed.

Creo en la crítica que desnudó su anatomía a la vida y la vistió con un hábito de miradas interiores, en el arrepentimiento que sigue a aquella coyuntura que nunca fue admitida y en los secretos que esconde el fondo de los océanos, ante la mirada libre de las profundidades.

Creo en las imágenes que no hablan y se desdibujan si le añadimos un corsé que apriete su ortografía, en el poema que nunca pudo construirse, por esconderse el nombre perseguido en nuestro empeño y en las corazonadas, que fueron sensibilizadas por el amor que brotó en aquella escena tan temida.

Creo en los ejemplos que explican realidades y resultan en soluciones a conflictos inexplicados, en los fármacos que sólo curan el desarreglo y atacan al intruso, sin que se enteren los demás rincones tisulares de nuestro cuerpo.

Creo en el trapecio que cuelga de tus azares, lanzados a la red que yace consecuente, en la proclama de una igualdad de sustento y en la honesta injusticia de un cara a cara, con unos bolsillos obreros.

Creo en una lágrima triturada que no sabe a rancia, en el sudor que huele a trabajo compartido y en las medallas que se colocan, con acuerdo previo, al último de la fila.

Creo en las espaldas que cargan deudas apretadas, entre ecos de menosprecio y olvido, en la asamblea que discute lo que preocupa a un pueblo extorsionado, en la campaña que habla de la contaminación de las promesas y en los recodos que enjugan los apoyos verdaderos.

Capítulo 7

Creo en la carne y el hueso

Creo en la carne y el hueso al ver un árbol cargado
de calvicie o un grillo cantando su propia serenata.

Un chiste es el poema que libera una
carcajada y el grano negro que se escondió en la
arena blanca de la playa bañada.

Los edificios mantienen su postura para que la
calle salude a su paso y eso merece ser copiado.

El polvo es el delator silencioso y alérgico que
señala al acosador presumido y debe ser llevado a
los tribunales, para que declare un amor inconfeso.

Arañar el cuadro, en busca de un sabor
exótico, compromete al pintor y quita armonía
a la bodega.

Al fin y al cabo, todo está donde debe
ser alcanzado con éxito y esa holgura de
deleite es la que encontrarás en este capítulo.

Creo en la sanción aceptada y recompuesta, porque precisa que las aristas expliquen los hechos y otorguen la única verdad a quien la merece.

Creo en el árbol que decide crecer torcido sin menosprecio de la inclinación de los vecinos, en el sol que prefirió iluminar los aleros que esconden secretos y en la pared que siempre quiso presentarse de blanco hueso.

Creo en la calvicie que se peina sóla y en la obesidad que reclama sus derechos olvidados, consecuencia de tantos momentos arrugados en la vida.

Creo en el hijo que acostumbra a abrillantar sus apellidos y a lustrar su carácter, si la madre se lo pide, en el padre que deja el hábito si el roce de su hija se lo sugiere, en el abuelo que cuenta siempre la misma historia para que cale la moraleja y en la empleada que dedica tiempo a dar ejemplo, porque se considera de la familia sin haber heredado apellido alguno.

Creo en el chiste que no provoca carcajadas porque

incita a la reflexión y en el párrafo que encierra una cuestión de honor, en el poema que despierta una mirada interior y en el toro que respeta la vida del torero, aun estando en desacuerdo con el sentir general de la fiesta.

Creo en el conejo que logra evadir el cartucho del cazador furtivo y se desahoga en la madriguera, en la presa que intenta luchar por no serlo, aunque las circunstancias le marcaron como alimento y en el resplandor que no produce sombras. Creo en el cántico del grillo que muere de calor y en la cochinilla que quiso iluminar tu camino.

Creo en el engranaje que se sigue haciendo preguntas sobre el ruido y en el aroma que despierta sensaciones inequívocas de saciedad, en la ropa que cubre cuerpos cargados de bondades y en la gota de lluvia que resbala por el cuerpo de los hipócritas.

Creo en los espacios vacíos que no necesitan relleno, en el armario empolvado que está pleno de cultura y dispuesto a vaciarse con nuestra lectura, en el cuadro que nos hace tiritar de encanto y en la forma imposible de un jarrón que no aprendió a sostenerse en pie.

Creo en el bodegón que no tiene uvas y se nutre del

agua que derraman las nubes, en el profesor que explica lo que los alumnos querían comprender y nunca pudieron ver y en el éxito de un fracasado, más aún si fue etiquetado de improbable.

Creo en la hierba que se plagó de pulgas, porque allí corretearon animales juguetones y desamparados, en la calle que pareciese llegar al cielo y en la avenida que acoge al arte vivo.

Creo en el edificio que sigue acumulando polvo en sus escaleras y voces en los pasillos, en la madrugada que se presenta desnuda y en la cara recién lavada, libre de perfumes y potingues rebosantes de aroma.

Creo en la compañía que procura un sano coraje y en la marea que empuja la ola a la búsqueda de unos granos de arena blanca, en los falsos testigos que se arrepienten de la pantomima de la vida y en el temblor que removió las entrañas de tus pesares.

Creo en la postura que no fue adoptada por indicativo fiscal y en el renacer de un grito de independencia en cada libertad arrebatada, en la angustia que no se propone subir al podio y en los rincones que quieren acumular comentarios rancios y viles.

Creo en las historias ficticias de crédulos imaginarios,

en los mosaicos que desconocen la contractura de los fractales y en la firmeza de la llama más primitiva, recién encendida para defensa de otro inocente acusado.

Capítulo 8

Creo en lo fortuito y en lo que se nos da

Creo en lo fortuito de un tropezón y en lo que se nos
da por cada animal, en el discurso de su entrega
gratuita y la perspicacia de la crítica más elemental.

El primer paso para considerarnos enfermos
es soñar en cuando estuvimos arando nuestras más
íntimas discontinuidades.

Los eflujos siempre dejan pigmentación del
contenido que intentó envenenarnos y la luna, firme
en su postura, recogerá el olor a esa punta de flecha
que se dirigía al corazón, una cisterna de pálpitos sin
respuesta.

Hay que hablar con los genes y rectificar los
muros, para que nos digan lo que quedó esculpido
en sus capiteles y resolver las dudas con la facultad
del pecado original.

Cualquier tira de papel, a temperatura
ambiente, es como un rayo que nunca nació y
los gorriones seguirán siendo testigos de
tantos cazadores en movimiento.

Creo en la norma que deja espacio para la crítica y en la orden que siempre espera una respuesta, en el gesto que se arrugó ante la verdad manifiesta y en el discurso que no pudo sostener un mensaje truncado de campaña.

Creo en el método que te enseña a pensar y en la libreta con la que aprendiste a soñar, en la goma que –a diario– borraba las indiferencias y en el lápiz de colores, que cambiaba de tonalidad según tus intenciones, en el armario que nunca acumuló polvo y en el espejo que jamás estuvo dispuesto a mentir.

Creo en el libro que siempre vació su contenido sin dejar nada en el tintero, en las gafas que te permitían ver las sensaciones y en el peine, que cada mañana aclaraba tus ideas.

Creo en la nube que se aleja de las malas compañías y en el meteorito que se detiene, esperando que la Tierra se apresure a esquivarlo, en el potro que sigue fiel al apego, aunque quiera regalar respingos, en el olor a césped, recién cortado, que te invita a regresar a tus años de correteo por el campo y en el miedo, culpable de ingerir tu primera copa de vino con sabor a incertidumbre.

Creo en el pecado que no acepta penitencia, en dar el primer paso antes de que nadie te llame y en la reconciliación con sabor a alabanza.

Creo en la tira de papel que se llevó un secreto sin asueto, en el sabor de la carnada que se escupe por el animal que creíste presa y en la respuesta de un caracol a tus prisas desbordadas.

Creo en la paciencia de una madre, diseñando a diario el cariño que envolverá tus miedos más elementales, en el regazo que todo lo perdona y en la clara honestidad de un último deseo en el paredón.

Creo en la carrera desbocada del vuelo de un gorrión que se percata de la trampa, escondida en un hoyo de la ladera de la montaña, en el salto brusco de las patas traseras de un burro respingón, que no soporta tu peso y en el movimiento desordenado de tus ojos, cuando tu alma se llena de pena.

Creo en la verdad que no se deja agujerear por un

rayo, en los corazones que siempre estuvieron dando sombra, en la respuesta que sigue admitiendo consideraciones y en la huella que encierra un mensaje, remojado en la arena.

Creo en el sudor que no terminó empapando, en la temperatura que delató un enfriamiento en el trato que ese otro ser humano se merecía de tu parte, en el bolso que siempre tiene un espacio disponible para una fruta y en el ejercicio que se practica, a diario, para estirar las malformaciones de tus genes más indiscretos.

Creo en el enfermo que no se rinde ante las previsiones más nefastas, en el gestor que primero atiende tus razonamientos y después la letra escrita, basada en una sucesión de pasos insensibles y en el muro de tus redes sociales, que siempre enseña el mejor perfil de la foto de un ser humano envidiable, aunque ya no esté entre nosotros.

Creo en la punta de flecha que el viento reorientó y te confunde en el camino, para que en el primer semáforo conozcas tu verdadero destino.

Creo en la Facultad de Medicina que adiestra en el arte de escuchar, mientras forma para saber mirar más allá de las lecciones aprendidas, en los diplomas que nadie halaga porque les faltó medir la vocación empeñada y en el arado que deja escrito el sacrificio diario del caballo, que no reclama, en cada surco.

Creo en la historia que nos deja una moraleja constante, en el niño que se llena de esperanza en cada aprendizaje incorporado y en el tropezón fortuito que anunció una cita inesperada.

Creo en la nota de despedida que dejó en calma a un desahogo, en el sabor de un buen vino que alivió la digestión de un inoportuno condimento y en la charla extemporánea que descubrió tus vértices más escondidos y marginados. Creo en la boca del atún, que quiere respirar alejado de la almadraba y en el titular que resume las falsas sensateces.

Creo en el regadío que aporta sabor al tomate en ciernes, en el plástico que conserva la humedad de la mata en el invernadero, en la cisterna que conserva la recogida artesanal de la leche, sin la presencia de palabras altisonantes del ordeñador y en la cabra, que enmudece cuando siente que el ordeño sustituirá al chupeteo del chivito juguetón.

Creo en la paja resultante de la cosecha que sigue alimentando cosechas, en el fuego que anuncia el legado olvidado, que no pudo consumir nuestra curiosidad antes que el errante, traicionero y despiadado, que descargó su rabia en el monte.

Creo en la tabla de multiplicar que nos revela que cinco abandonos por siete oportunistas son treinta y cinco esperanzas muertas, en las ecuaciones que igualan rechazo con oportunidad perdida, o acogida con impulso acelerado y en la suma de abrazos y consejos que resultan en actitudes impactantes.

Capítulo 9

Creo en todo lo que me sobresalta

Creo en todo lo que me sobresalta, desde la melodía
al acorde y de la tolerancia al hartazgo.

No hay acantilados sin riachuelos ni laderas
sin cumbres, distancias sin amigos ni dolor sin la
imagen del pico de una paloma.

Las mariposas me deslumbran y los
acantilados me marean. Una jirafa arrodillada es
algo sublime, más aún si acerca su oreja al dolor, sin
eco, de otro animal moribundo.

El polluelo y la torre de la iglesia están unidos
por un lema, así como la usura y la
mano, o la armonía sensata entre un taburete solitario y la cruz
que te vigila.

Hay que revisar lo que te sobresalta, da
igual que sea una serpiente o un enfermo que
resiste, el adorno que no habla o el cántico
que retumba en tus oídos, si las lágrimas se derraman.

Creo en el río en calma, cuando puedo ver el fondo y refleja mi cara pensativa, en la luz que encaja con la sombra cuando dibujo la marca que dejó en mí un encuentro perdido y en la tolerancia de un animal que te lanza una mirada de perdón, después de haber consumado tu gesto de menosprecio y abandono.

Creo en la butaca, que va contando secretos a quienes la aprovechan para descansar en sus maderos, en el sepelio que escuchó el perdón y el castigo, al mismo tiempo, en el bebé que se aferró a su ternura para llegar a ser adulto, entre tanta ausencia y en la chinche que huye sensibilizada del dolor de un cuerpo, en continuo proceso de rascado y autolesión.

Creo en el enfermo que sana pensando en su enfermedad y en quien es capaz de gritar porque se abre una herida, por donde saldrá el veneno de la indiferencia que la provocó mucho antes.

Creo en quien delata la usura y no se deja arrastrar

por la demagogia, en la mano que le cuenta sus miserias a la compañera y no se ensalza de poder ni control y en la torre de la basílica, que sigue acogiendo el nido de cigüeñas que se responsabilizan del aumento de la tasa de natalidad.

Creo en la tristeza desgranada de un polluelo, que contempla cómo su madre fue ofrenda para comensales que luego lo cogerán, entre sus manos, con un aparente y falso cariño.

Creo en la jirafa que fue capaz de arrodillarse para oír la voz apagada de un ciervo agonizando y en el elefante que aprendió a recoger basura con su trompa y depositarla, más tarde, en el cubo instalado para ese fin.

Creo en el adorno que te inspira a mantener la cordura, en la cisterna que fue capaz de arrastrar los puntos suspensivos de los defectos que los demás encuentran en ti y en el látigo que acostumbraba a rebelarse contra su dueño.

Creo en la hoja que sólo tenía haz, sin envés, porque quiso que la conocieran sin una segunda cara, en el himno que canta los pesares que le hicieron grande y en la lectura de los estigmas, en la construcción de la nueva sociedad que se avecina, sin falsos collares cargados de riquezas.

Creo en el hartazgo de quien auxilia y asiste, buscando el éxito en cada esfuerzo y cayendo en la desesperación constante de un nuevo intento, en quien cae herido y encuentra un motivo para suturar su dolor con hilo, elaborado con empeño en seguir su fuerza interior.

Creo en las empalizadas que dejan ver a su través, en la historia que hace honor a los vencidos, en las cunetas que recogen lo que arrastra el viento, permitiéndoles que hablen sobre la fragilidad de su estructura volátil y ligereza de contenido.

Creo en el pijama que te introduce en un sueño reparador, porque sabe de tu agotamiento por el esfuerzo desplegado durante el día y en el vendedor que cuida sus productos, procurando que la compra no se enferme de quejas.

Creo en el amigo que conoce tus equivocaciones y se adelanta para quejarse por los demás, en el profesor que no deja a sus alumnos sin el sabor de unas pinceladas de contrapuntos a lo que se debe estudiar como un dogma, en los adolescentes que descargan su cambio al estudiar los fenómenos sociales cobardes y en las faenas que cumplen la tarea sin descuido.

Creo en el abrigo que va buscando hospitalidad en

días de frío polar, en las sensaciones térmicas verdaderas después de una discusión ante la hoguera y en la furia del desamparo de una paloma, cuando creemos que no hace falta la paz en este mundo.

Creo en el dolor albergado por un migrante que encuentra cerradas las fronteras de la acogida más elemental y en la distancia, cuando se vive para estrecharla como el aire comprimido en un acordeón.

Creo en las melodías que nacen de escenas apartadas en la vida diaria, en la calificación que quiere reflejar el entusiasmo de un aspirante incómodo y en el color de la piel, que no establece diferencias, entre las distancias que crea la palabra "raza".

Creo en los puentes que se construyen entre las manos alzadas y no en las piedras que te permiten ir de un lugar frío a otro helado, pudiendo abrir túneles bajo la corriente, en la ladera recién salpicada de pólenes que darán nueva vida a la montaña y en el vestido de una mariposa, que luce su acuarela e hipnotiza con sus formas geométricas.

Creo en la cumbre que se sabe respetada por el alpinista, en el riachuelo olvidado que da vida al huerto familiar, en el acantilado que alberga vida para que las crías de barnacla cariblanca aprendan a emprender el primer vuelo sin red, en la arena que recoge los susurros de un mar cabizbajo y en el descuido, que deja escapar a quien tú consideraste necesario en la vida de los demás.

Creo en el cielo raso que anuncia tormenta, en la guitarra que regala acordes en la romería, antes de salir el sol, en el telescopio por el que recibiste un saludo que no pudiste traducir todavía y en la carcajada que sí se pudo interpretar como verdadera.

Capítulo 10

Creo en lo que llena el vacío

Creo en lo que llena el vacío, porque tiene la sazón
de un saludo o la vida de una costilla, el premio de
una madrugada o el traqueteo al que sometemos a
las palabras pasajeras.

La labor profesional no merece aplauso si se
hace y se practica por vocación. La parábola
siempre deja el mismo mensaje y el teléfono te deja
escuchar, cada vez que timbra, la misma voz
titubeante.

El sereno nunca pondrá una zancadilla si
comprueba que los trastornos saben a silbato
troceado. Los pasajeros son dibujos en movimiento
que se asoman a los balcones y el molino aceptará
la mejor recomendación del trigo, recién cosechado.

Prefiero escribir sobre los gritos de las
banderas, si hay un notario que certifique los
agujeros que aún quedan por tapar en la cesta de la vida.

No puedo pasar de largo si escucho
una zancadilla o si veo un apodo, si huelo una
recomendación saltimbanqui u olfateo una
tiniebla, en medio de un milagro.

Creo en la razón que no se olvida de la fe, cuando no es ciega ni impuesta, en el cálculo de lo que nos falta si tenemos más de lo que necesitamos, en la angustia que genera un embarazo no deseado y en el perdón de un feto, cuando aceptamos el aborto como necesario para poder vivir sin obligaciones pendientes.

Creo en la Iglesia que reconoce el milagro de los panes y los peces en el hogar que sale adelante, entre las indiferencias, sin pecado alguno que confesar; en las tinieblas que otros nos presentan como castigo, para que quememos la sutileza de tanta oportunidad malentendida y en la voz calma de una recomendación, que nos permite arrancar convencidos de nuestra fortaleza.

Creo en el apodo que resalta la prosa de un defecto y se candidatiza para ser aceptado, en el grito que suena a llanto emergido desde el pozo de la indiferencia y es acogido y apoyado, en las canciones de cuna, cuando son entonadas con sentimiento y en las madrugadas, que nacen temprano para esperar la ayuda que promete el refrán.

Creo en la voz de ultratumba que busca aliviar sobresaltos compañeros, en la tarta que solivianta estómagos pasajeros y en el premio que delata muchos otros agujeros.

Creo en Polifemo, vencido por el Odiseo que todos debemos llevar dentro, en la zancadilla que se arrepintió en el último momento, en el saludo que siempre supo de los desencuentros pasados y en el trastorno que no llegó a ser un mal necesario.

Creo en el enfermo que confía plenamente en los errores temporales de su fisiología y arremete contra la apatía que genera un diagnóstico apresurado, en el balcón que espera paciente el cántico de un reencuentro, en el dibujo que no dice nada y aguarda a que interpretes sus entrañas y en el gateo que busca sorprender desde el suelo.

Creo en la sazón que salpica la cuchara y despliega un agradecimiento en la sopa recién hervida, en la chuleta que sigue desprendiendo dolor en el plato y en la sangre borboteante que refresca tu amargura caníbal.

Creo en el pasajero que despierta al chofer, en su

ímpetu por llegar a tiempo, en quien lanza una palabra al vacío, sin cobrar nada a cambio, y en el edicto que resalta las noticias que hacen grande y extensa el alma de los vecinos.

Creo en la nómina que acumula intereses en las cuentas corrientes y no cobra por retirarlos, en el notario que aconseja y rectifica, propone y considera, mucho antes de refrendar con su firma un desatino de trámite.

Creo en el médico que aprendió a escuchar lo que el paciente tenía que decirle y encaja su diagnóstico entre tanto hecho olvidado, porque ahí estuvo la clave que desencadenó su preocupación actual, en la enfermera que desea arrancar el corazón de cualquier paciente y ponerlo a funcionar, para que pasee sus desconsuelos y airee sus sospechas.

Creo en la bandera que ondea, cuando se la mira llorando porque alguien cayó defendiéndola, en el telescopio que te permite ver una propuesta de infinito y se sigue preguntando qué habrá después, seguro de que no debe ser un perfil de la nada.

Creo en la cesta de la compra que quiere lucir llena y se queda a medio camino, porque no desea vivir con deudas, en la llave que abre el portal de tu casa y en cada giro que das, buscando regresar a la paz de tu rincón favorito.

Creo en la almohada que conoce tus babeos y alberga tus alientos, despeina tu cabello y es la causante de las arrugas en tu cara, aun siendo joven. Creo en el agujero que no te permite ver el interior de tus sueños, si estás despierto, y en el soliloquio reflexivo de un paciente abandonado en un ancianato, arrinconado y solitario.

Creo en la afirmación que pueda llegar a predecir el clima de tus mordiscos y la untuosa verdad de tus oraciones y en el teléfono que te conecta con tus obsesiones.

Creo en la llamada que te despertó en tus interioridades y en la canción que te obliga a callar y cambiar el sentido de tus perfidias, escondidas y vigilantes.

Creo en el cielo de las alturas, el que te escucha más cerca y acoge tus voces interiores, el que espera de ti más sensibilidad con las sombras delgadas y famélicas, en la cama del hospital donde pasaste la primavera de tus relinches y el ocaso de tus odios, porque ahí ingeriste el brebaje más indicado para los pecados que arrastrabas.

Creo en los paisajes que iluminan cuadros de una realidad que contagia ilusiones comprometidas, en las noticias que se inscriben en el vocabulario y en los conceptos que se incluyen en los comentarios imprescindibles.

Capítulo 11

Creo en la celebración de un recorrido incierto

Creo en la celebración de un recorrido incierto, por el aniversario de los días que te quedan por vivir o el regalo de la historia de la sábana de tus sueños.

No hay periodista ni abogado, maestro ni arquitecto con ausencia de torpezas, porque somos animales que columpiamos nuestras alianzas con intentos partidistas.

La crítica es la esponja que lava la fortuna y abrillanta el vidrio de los museos, carga de prisas las conversaciones en las callejuelas y promete mejores tiempos al harapo suelto.

Tengo que comentar el contenido de la carta que sudó lágrimas y la fortuna de una noria que explicaba los ajustes innecesarios de un espejo invitado.

No puedo ser el tiempo roto de una familia ni el alcalde de un loco, sin decir lo que siento al darme media vuelta.

Creo en la receta que prescribe el tiempo que dedicaron a escucharte, en la nota escrita que te ata a un recuerdo, en la historia que nunca quiso ser olvidada y en el animal atrapado que lanza un gemido, clamando por ayuda, sin que te demuestre su componente salvaje en el encuentro programado para darle auxilio tempranero.

Creo en el regalo que no me lo sugiere el calendario, en el aniversario que no está escrito en el almanaque, en los días que me quedan por vivir sin que nadie me lo haya insinuado –todavía– y en la sábana que aleja el frío de mi cuerpo y cubre mis escalofríos de cada noche de invierno.

Creo en los sueños que reaniman al protagonista y motivan a quien soñó, en la voz repetitiva de un loro que quiere que recojas el mensaje que alguien le vocalizó ante la jaula y requiere que lo atiendas con urgencia, en el mensaje escrito que fue guardado porque siempre se creyó saber lo que escondía y en el rey que se viste de paisano, si la corona le distancia de un pueblo inquieto y sabio.

Creo en el periodista que se cansó de esperar la noticia y fue a buscarla para recoger sus maletas, en el abogado que defiende las causas más necesarias, en el pedagogo que puede dormir cuando su alumno interpretó un homenaje y en el arquitecto que encontró la satisfacción en el vacío que nunca rellenaron las paredes.

Creo en la torpeza que no puede ser aprendida, en el animal que logró –por fin– humanizarte, en las vacaciones que consiguieron que crecieses un centímetro en buenas intenciones y en la carta que te permitió elegir un sorbo de tristeza y una cucharada de esa angustia, que algunos pasan, por el hambre contenida mientras tú comes.

Creo en el callejón que se siente orgulloso y presume de encanto, en las prisas que no se llevan nada por delante si quieren contarlo primero, en la compraventa de media hora de conversación a interés negativo y en las alianzas, que pretenden conformar un frente de compromiso para salvaguardar los intereses de los más olvidados.

Creo en la exposición que detiene tus pasos a cada instante, en la fortuna que no puede comprar un regalo y en el elogio que sabe el modo de hacer grande la humildad cotidiana.

Creo en el columpio que te enseña a reír si estás arriba y a preocuparte si estás abajo, en el tiovivo que te manifiesta que la vida es una continua vuelta y que los problemas se definirán según el extremo en el que te encuentres.

Creo en la misa de cuerpo presente que relaja la rigidez cadavérica por lo que se cuenta, en la boda que no alberga secretos que puedan alterarla, en la relación que siempre se acompaña de una talega casera para los desechos y en la familia que se reúne, para que el ejemplo siga siendo el motor de búsqueda de soluciones empolvadas.

Creo en la risa que se propone como terapia si antes se crea el ambiente para que se haga presente, en las lágrimas que nunca se vistieron de dobles intenciones y en la fiesta que buscaba engrandecer tus alrededores.

Creo en la carretera que puede hablarte de la sumisión de los mulos nómadas que por ella corren con desenfreno, en las lagunas que cargan las nubes del entorno de sequía y en los cortijos, que deciden lucir de negro hasta que dejen de sentirse culpables del señorío de los grandes latifundios.

Creo en la pastoral que no vive pendiente de la evangelización partidista, en la cumbre que no tiene banderas porque sigue siendo de todos y en quien está cargado de propósitos fallidos y sigue creyendo en el próximo intento.

Creo en el mástil que tolera el espíritu de una quimera y en el color de la piel que no cede al blanqueo de los insultos. Creo en la papeleta que llenó de una fe ciega el compás de espera y no pudo ser anulada, en medio de tanta corrupción vergonzante.

Creo en el trámite que no se castiga por haber sido reclamado en derecho, en el presidente barrial que da vida a la opinión de un vecino, como el único camino para justificar un voto, a favor o en contra de su candidatura, en el perturbado que nos enseña a huir de la monotonía, buscando la pendiente de la calle y en el roce constante con lo errático de su impulso inconsciente.

Creo en quien llora al darse la vuelta y murmura lo que la vida le quitó, cuando ya está lejos, en quien espera que la letra de la canción disturbie la paz de su contenido descanso y el ritmo les siga dando vida a sus articulaciones perezosas.

Creo en el abanico que acompaña la espera que nunca culmina, en el pañuelo que seca el sudor y no se empapa, en el espejo que engaña tus primeras impresiones y te acomoda a una edad que no aparentas.

Creo en el paseo que no llevaba intenciones de cortejo, esperando que la calle te salude a tu paso, en la terraza que abres para fotografiar la vida diaria con el objetivo de tus suspiros de soledad y en las escaleras, que te mantienen en forma a pesar de las recomendaciones de tu médico de cabecera.

Creo en el vecino que te pregunta por tus hábitos y acostumbra a hacer paradas en tu vida, en el almacén que tiene disponible lo que aún no necesitabas en tu mochila y en el invitado que se alimenta con saber que le aceptas por lo que es, en su esencia.

Creo en la marca que te acompañará en tu vida si se clavó en tu piel por un olvido imprudente, en la creencia de que no eres indispensable y otros aprovechan el vacío que dejaste para enseñar al mundo lo que tú no les enseñaste y en los vidrios rotos que aprenden a recomponer el brillo en las soluciones de continuidad de su superficie.

CAPÍTULO 12

Creo en el abandono prudente

Creo en el abandono prudente del párroco que quiso
morir por los demás, en el taconeo del cantaor para
que el suelo aplauda y en la aguja del pajar que
quiso diseñar una fragua.

La conciencia del fumador y la herejía de una
lección, que nunca tuvo que ser armada, irán
cargando el ataúd de un ángel que supo ser ejemplo.

Los condimentos bailan al son de las
amistades, el plato sentirá siempre la resaca de las
interrupciones de los paréntesis, ante la casta de los
misterios de olor a fronteras.

Hay que creer en el abandono de ponerse de
rodillas y permanecer en los linderos, porque la
nieve es
misericordiosa si se convierte en una rueda
dentada que carga trotes circulares.

Quiero y necesito hablar de los charcos
sinceros y de senadores romanos, porque
siempre habrá juegos mentales en las
propuestas que olieron a simple humo de
temporada.

Creo en el muestrario que ofrece lo inservible para reciclarlo y en la economía circular que no zambulle al elector en una escuela de conceptos equívocos y manipuladores.

Creo en el baile que se sale del ritmo y da sus propios pasos para no sentir la manipulación de un piano, vestido de paisano dictatorial y autoritario.

Creo en el vinagre que no aporta sabor a la ensalada, esperando que el aceite destaque su apariencia brillante y mediterránea, en la pimienta que genera amistades, en el plato que agradece tu estómago pendenciero y en la deuda que no ayuda a financiar tu voto en blanco.

Creo en la resaca que se mide por la potencia de tus ideales, en la sanación de los enfermos mentales que actúan de líderes sobresalientes, entre alucinaciones desdibujadas y delirio de vanagloria.

Creo en las interrupciones para abarcar una duda y en los paréntesis que abren la puerta a la imaginación más deductiva.

Creo en el habitante de espacios inhóspitos, porque nunca fue observado, en el tronco que sabe la edad precisa y en el subsuelo que nos habla de asentamientos pretéritos mientras olvida lo imprudente de su recorrido. Y creo en el senador romano, tomando su túnica para que no se pierdan las palabras que sustentarán derechos obligados.

Creo en la sinceridad que te pide la calle, que oye susurros y lamentos, en el aspersor que salpica tus paseos y en el humo que no pudo anunciar el nombramiento de un nuevo papa, acumulando el recelo negro de un voto desigual, entre la esperanza conmovedora de un anhelo religioso en la boca de fieles testigos.

Creo en la norma que acorrala a cobardes y en la balanza que castiga los despropósitos más viles, en el trote que enseña modales sin golpes del estribo y en los ejemplos que quisieron ser la excepción, entre tanta hipocresía de improperios.

Creo en la rueda dentada que busca acoplarse a cada paso y sólo es visible si se avería, en la fragua que da forma a la dureza de contenido, con el fuego de vigilante nocturno y en la ofensa que nunca se aclaró en su ausencia.

Creo en el ángel que no presume de milagros, en los misterios que quedaron suficientemente explicitados para ser interpretados, en la casta que defiende las huellas de sus predecesores, en el juego que siempre fue limpio y no necesitó ceremonias y en la armada que pretendió educar en lo que pudo ser, si los valientes no hubiesen sido los primeros.

Creo en el ataúd que se supo llevar los peores secretos y en la ceremonia que destacó a los no-contactados, para que sigan viviendo con el único mandamiento de ser libres.

Creo en el arrebato del cantaor, porque siente la letra desde el sufrimiento de cada compás, en el taconeo que arrebata notas al suelo, sin haber sido afinado, en la nieve que saca amigos a pasear sin distingos y en la cordialidad de la misericordia de un marginado.

Creo en la herejía de un enfermo que no encontró apoyo en la fe constante y dirigió sus gritos a la profundidad de un pozo abandonado, con la esperanza de que la tierra grabe –en su esencia– el contenido de un reclamo verdadero.

Creo en la insoportable conciencia de quien predica y

no pide seguir el ejemplo, en el fumador que enseña sobre los valores que se evaporaron en cada calada, manchando de nicotina sus dedos y en el color amarillento de una hoja que perdió vida, expuesta al sol perenne sin que nadie la rociara de sombras.

Creo en el atardecer que quiso esconderse para que apareciese mucho antes el fresco de la noche más tiznada de negro, en el pueblo consecuente que aceptó el confinamiento sin temor a morir de intransigencia, en el anciano que predicó verdades y cedió su puesto en el respirador a su nieto afectivo, camino del cielo y en la renuncia a seguir estando de rodillas, porque se sabía que algún otro necesitaría seguir en pie.

Creo en la estrategia que no tiene plan definido hasta que comprueba el problema sin nombre, ahogado entre el repudio a seguir siendo apoyado, en la sartén que supo darle forma al huevo frito, con la yema dispuesta a darte un discurso en tu páncreas y en la impresora que dio forma a una vértebra rota, con tinta de esquirlas, mezclada con carne recién cultivada por manos frágiles y útiles.

Creo en ti, si sabes de las necesidades y no vacilas ante las balas, en quien protegió para sentirse desprotegido y en aquel que no aceptó el premio porque se acompañaba de sumisión y abandono por los demás.

Creo en la carta que sucumbió a un tratado, en la lección que te acompañó toda la vida, en el lindero que no tiene nombre escrito entre las hierbas y en la frontera que pertenece a todo ciudadano del mundo.

Epílogo

Al concluir este trabajo, necesito volver a leerlo para saborear el encanto de un beso que se lanzó en un sueño profundo y reencontrar la verdad que se esconde detrás del movimiento que rodea a un verso.

Tengo, estoy completamente seguro, la necesidad de seguir escribiendo para continuar descubriéndome y la dicha de seguir sentado para poder mirar a mi alrededor, paseando por mis sueños de cada día, donde siempre encuentro un caminante errante que me enseña a mirar al verdadero sol, el que pone norte a mi vida.

Estoy convencido, al finalizar este compendio contenido, que necesito más horas para mirarme y más caminos que comenzar, más agua de la que beber y más paciencia para descubrir.

Agradezco a quien lo lea por el rato que dedique a ver desde el corazón, con la sombra de quien siempre nos apoya, a leer con las maneras que acostumbra el alma y a mirarse al espejo para preguntarle lo que sabe de nosotros y no se atreve a contarnos cada mañana.

Si la experiencia ha sido sólo fortuita no ha merecido la pena, pero si ha dejado un aroma a sencillez, verdad y prurito, cargado de sensibilidad por la vida, me doy por satisfecho.

Creo

Creo en la herramienta que no fue olvidada
cuando aún había gritos en la calma del bosque tropical,
en aquel continente sin nombre, envenenado de aliento.

Creo en el polvo que supo elevarse ante el vendaval,
cuando el clima acarició una generación anidada
y el suelo supo cantarle el secreto de un tiento.

Creo en la ilusión descarnada,
en el vino que lucía en el Santo Grial
y la perfecta agonía que siente la palma de tu mano.

Creo en la oportunidad que da todo campo de erial,
en el manjar que no supo servir de carnada
y en la figura troceada que se presentó como hermano.

Creo en la piedra que pudo ser agrietada,
en el chorro de agua que quedó comprometida de cal
y en el arrabal que aún se viste de humano.

Creo en el arte de ese arreglo floral
cuando las verdades siguen buscando la entrada,
y en las canciones que cuentan la tristeza de lo mundano.

Publicaciones del Autor

(1) Modelo epidemiológico de intervención para la prevención de situaciones de desastre (Universidad Técnica Particular de Loja. Loja, Ecuador). Ediciones UTPL. 1992.

(2) Medio Ambiente, nuestra gran verdad (Universidad Técnica Particular de Loja. Loja, Ecuador). Ediciones UTPL. 1992.

(3) La Diabetes, un libro para todos (Cuenca, Ecuador). 1996.

(4) Minería y medio ambiente (Universidad Técnica Particular de Loja, Ecuador).1995.

(5) Cuevas Bajas, entre apodos y recuerdos (Editorial Belda. Cuevas de San Marcos, Málaga, España). 2013.

(6) Carta a un político. Editorial Difundia. Madrid (España). 2019.

Rᴇғᴇʀᴇɴᴄɪᴀѕ ᴅᴇʟ ᴀᴜᴛᴏʀ

Facebook: juan.arandagamiz

Twitter: @GAJPOPA

E-mail: jaragamiz@gmail.com

Blog: http://www.jagpopa.blogspot.com